BEI GRIN MACHT SICH IHR WISSEN BEZAHLT

AF135886

- Wir veröffentlichen Ihre Hausarbeit, Bachelor- und Masterarbeit

- Ihr eigenes eBook und Buch - weltweit in allen wichtigen Shops

- Verdienen Sie an jedem Verkauf

Jetzt bei www.GRIN.com hochladen und kostenlos publizieren

Bibliografische Information der Deutschen Nationalbibliothek:

Die Deutsche Bibliothek verzeichnet diese Publikation in der Deutschen National-bibliografie; detaillierte bibliografische Daten sind im Internet über http://dnb.d-nb.de/ abrufbar.

Impressum:

Copyright © 2017 GRIN Verlag
Druck und Bindung: Books on Demand GmbH, Norderstedt Germany
ISBN: 9783346204899

Dieses Buch bei GRIN:

https://www.grin.com/document/593477

Anonym

Zugänge zur Erwachsenenbildung. Porträts, Bausteine und Entwicklungen

GRIN Verlag

GRIN - Your knowledge has value

Der GRIN Verlag publiziert seit 1998 wissenschaftliche Arbeiten von Studenten, Hochschullehrern und anderen Akademikern als eBook und gedrucktes Buch. Die Verlagswebsite www.grin.com ist die ideale Plattform zur Veröffentlichung von Hausarbeiten, Abschlussarbeiten, wissenschaftlichen Aufsätzen, Dissertationen und Fachbüchern.

Besuchen Sie uns im Internet:

http://www.grin.com/

http://www.facebook.com/grincom

http://www.twitter.com/grin_com

Technische Universität Kaiserslautern

Distance And Independent Studies Center (DISC)

Fernstudium „Erwachsenenbildung"

Einsendeaufgaben zum „Zugänge zur Erwachsenenbildung"

Inhaltsverzeichnis

Einsendeaufgabe 1

Vergleichen Sie die beiden Erwachsenenpädagogik-Konzeptionen von Peter Faulstich und Ekkehard Nuissl. Versuchen Sie dabei insbesondere herauszuarbeiten, ob und in-wieweit beide Ansätze unterschiedliche Thesen, Sichtweisen und Zugänge zur Bildung Erwachsener markieren und formulieren Sie kritische Anfragen an beide Konzepte.

Lösung

Zunächst lässt sich feststellen, dass die beiden Konzepte zur Erwachsenenpädagogik von Faulstich und Nuissl bei der politischen Einordung eine gewisse Ähnlichkeit aufweisen. Beide sprechen von einer wichtigen Bedeutung und einer gewichtigen Rolle der Politik und des Staates beim Thema Weiterbildung und lebenslangem Lernen. Nuissl sieht die Bildungspolitik in einer ambivalenten, ja sogar gefährlichen Situation. Auf der einen Seite deren Forderung, die Relevanz der Weiterbildung zu stärken; auf der anderen Seite stagnierende oder rückläufige öffentliche Mittel.[1] Auch Faulstich erwähnt die aus seiner Sicht problematischen Kürzungen der Ressourcen und spricht gar von symbolischen Aktivitäten auf die sich der Staat zurückzieht und einer sich immer weiter öffnenden Schere zwischen Anspruch und Implementierung, hervorgerufen durch das Ungleichgewicht hochgesteckter Programmatik und einer unzureichenden Umsetzung.[2]

Nuissl fordert die Politik dabei auf, Ihr Handeln und ihre Forderungen in Einklang zu bringen.[3] Er nimmt aber darüber hinaus auch die Lernenden selbst und die von den weitergebildeten Fachkräften profitierenden Unternehmen in die Pflicht, sich mit eigenen Ressourcen und finanziellen Beiträgen an der Weiterbildung zu beteiligen, betont aber auch, dass es Bereiche in der Weiterbildung gibt, die ohne eine öffentliche finanzielle Förderung nicht existieren könnten.[4] Beide lassen bei ihrer politischen Argumentation allerdings viel Platz für Interpretationen und gehen nicht im Detail darauf ein, wie eine geeignete Balance zwischen staatlicher Förderung sowie Engagement von Unternehmen und Lernenden aussehen kann.

Faulstich spricht weiter von der Betonung der ökonomischen Relevanz der Weiterbildung. Bei genauerer Betrachtung wird diese für ihn sogar überbetont,[5] was schlussfolgernd im Extremfall eine rein extrinsische Motivation für das lebenslange Lernen darstellen könnte, die die intrinsische Motivation der Lernenden eher hemmt als fördert. Auf der anderen Seite betont Faulstich gleichzeitig aber auch, dass ein Bildungsbegriff, der den Bereich „Arbeit" aus-

---

[1] vgl. Arnold, Rolf, „Porträts und Konzeptionen zur Erwachsenenbildung", Seite 26.
[2] vgl. Arnold, Rolf, „Porträts und Konzeptionen zur Erwachsenenbildung", Seite 13.
[3] vgl. Arnold, Rolf, „Porträts und Konzeptionen zur Erwachsenenbildung", Seite 26.
[4] vgl. Arnold, Rolf, „Porträts und Konzeptionen zur Erwachsenenbildung", Seite 26.
[5] vgl. Arnold, Rolf, „Porträts und Konzeptionen zur Erwachsenenbildung", Seite 12.

klammert, unvollständig ist/bleibt und erst durch die Einbeziehung der konkreten Lebens- und Arbeitssituationen des Menschen die Erwachsenenbildung konkret wird.[6]

Trotzdem ist für Faulstich die Erwachsenenbildung aber „mehr als die Anpassung an ökonomisch geforderte Kompetenzen".[7] Für ihn geht es letztlich um die innere Entfaltung des Subjekts und der daraus entstehenden Möglichkeiten. Er stellt die Lernenden und deren „innere Entfaltung" in den Mittelpunkt seiner Überlegungen und grenzt sich damit deutlich ab von der reinen Kompetenzentwicklungsforderung.[8] Bei Betrachtung der Bildungspraxis, wird allerdings festzustellen sein, dass Faulstichs Aussagen zu einem Großteil auf einer theoretischen und idealisierten Sichtweise beruhen. Denn wird die Motivation von Teilnehmern geförderter Bildungsmaßnahmen durch die Agentur für Arbeit und ähnlichen Institutionen hinterfragt, wird schnell deutlich, dass dahinter vermutlich oft nicht intrinsische, sondern extrinsische Beweggründe stecken (z.B. monetärer oder gesundheitlicher Art). Eine weitere kritische Frage an Faulstich ergibt sich aus der von ihm betonten inneren Entfaltung der Subjekte. Wie kann ein nicht wegdiskutierbarer Bedarf an Kompetenzen der Industrie und der Wirtschaft mit dieser Sichtweise in Einklang gebracht werden?

In Ihrem Zugang zur Erwachsenenpädagogik zeigt sich vielleicht sogar der deutlichste Unterschied beider Wissenschaftler und beider Konzepte. Nuissl ist ein Praktiker, was an den Themenschwerpunkten seiner unterschiedlichen Forschungsprojekte aber auch an seinem beruflichen Werdegang deutlich wird. Er möchte die Praxis theoriegeleitet befragen und mit vernünftiger und anwendungsorientierter Forschung unterstützen.[9] Er sagt von sich selbst, er sei „ein Wissenschaftler, der seine Arbeit durch ihre Anwendbarkeit und Akzeptanz zu legitimieren versucht".[10] Dabei ist er kein „nüchterner" Analytiker, sondern eher ein theoriegeleiteter Pragmatiker, der versucht, den erwachsenen Menschen mit seiner Arbeit zu helfen, den Lernanforderungen der heutigen Zeit gerecht zu werden.[11] Diesbezüglich setzt er sich auch gegenüber Faulstich ab, weil sein Erwachsenenpädagogik-Konzept zunächst nicht (wie Faulstich's) nach einer inneren Entfaltung der Lernenden oder ökonomischen Anpassungsforderungen fragt. Seine Fragestellung ist eher: „Was bringt es für die Praxis?" Faulstich definiert seinen Zugang zur Erwachsenenpädagogik dagegen eher theorie- und wissenschaftsbezogen. Dabei führt er an, dass seine Position zum Begriff „Bildung" auf höherer Ebene wissenschaftstheoretisch begründet werden muss,[12] was diese These weiter untermauert. Im direkten Vergleich dazu fokussiert Nuissl mehr auf Notwendigkeiten und weniger auf die phi-

---

[6] vgl. Arnold, Rolf, „Porträts und Konzeptionen zur Erwachsenenbildung", Seite 15.
[7] Arnold, Rolf, „Porträts und Konzeptionen zur Erwachsenenbildung", Seite 14.
[8] vgl. Arnold, Rolf, „Porträts und Konzeptionen zur Erwachsenenbildung", Seite 14-15.
[9] vgl. Arnold, Rolf, „Porträts und Konzeptionen zur Erwachsenenbildung", Seite 25.
[10] Arnold, Rolf, „Porträts und Konzeptionen zur Erwachsenenbildung", Seite 25.
[11] vgl. Arnold, Rolf, „Porträts und Konzeptionen zur Erwachsenenbildung", Seite 25.
[12] vgl. Arnold, Rolf, „Porträts und Konzeptionen zur Erwachsenenbildung", Seite 12.

losophischen Rahmenbedingungen. Sein Blickwinkel stellt sich praxisorientierter dar, als die stärker ideologisch-philosophische Sicht von Faulstich.

Nuissl selbst und auch sein Konzept ist zudem sozialwissenschaftlicher orientiert als das von Faulstich. Er untergliedert differenzierter als Faulstich in sozialschwache und bildungsfremde Bevölkerungsgruppierungen. In seinem Buch „Einführung in die Weiterbildung" geht Nuissl weiter auf Unterschiede bzgl. „Alter, Geschlecht, Berufstätigkeit, Branchen- und Betriebszugehörigkeit, Familienstand, Organisationszugehörigkeit usw."[13] ein. Er bemerkt und erwähnt, dass es besondere Herausforderungen gibt in Bezug auf die Weiterbildung von Migranten, also nicht-muttersprachlichen Lernenden; stellt aber keine Lösungsansätze bereit und spricht nur von einer möglichen Überforderung. Faulstich erwähnt diese Problematik erst gar nicht.

Bezugnehmend auf diese Unterschiede scheint Nuissl näher an den Realitäten einer modernen multikulturellen Gesellschaft mit großem Anteil von nicht-muttersprachlichen Lernenden. Insofern muss aber an beide Sichtweisen die Frage nach dem Umgang mit dieser Situation gestellt werden. An Faulstich kann dabei adressiert werde, inwieweit er die gesellschaftlichen Veränderungen überhaupt zur Kenntnis genommen hat. An Nuissl wäre die Frage nach Lösungsansätzen für die Ungleichheit der Lernenden zu stellen, nachdem er die Probleme schon erkannt und benannt hat.

Nuissl ist auch unternehmens- bzw. institutionsorientierter als Faulstich. Er war nicht nur „einer der ersten, die keine Berührungsängste gegenüber Konzepten wie „Kundenorientierung", „Qualitätssicherung" oder „Projektmanagement" zeigte"[14] und diese Aspekte ganz praktisch zum Zwecke der Organisationsentwicklung nutzte. Er rückte damit auch die in der Weiterbildung Tätigen in den Fokus. Dabei ist eine seiner prioritären Fragestellungen in Bezug auf eine zukünftige Erwachsenenbildung, wie deren Arbeitsbedingungen, Motivationen und Arbeitsmöglichkeiten aussehen können und wie sich deren Qualifikationen und Kompetenzen verbessern lassen?[15]

Zusammenfassend betrachtet basiert Faulstich's Konzept mehr auf theoretischen Sichtweisen, während Nuissl einen praktischeren, um nicht zu sagen pragmatischeren Blickwinkel einnimmt. Eine Kritik an beide könnte lauten, dass sie sich (zu) sehr mit dem Soll-Zustand beschäftigen. Keiner von beiden formuliert aus, wie beispielsweise eine zukünftige Beteiligung von Unternehmen konkret aussehen könnte, die bisher lediglich nach gut ausgebildeten Fachkräften verlangen, aber sich kaum dafür engagieren.

---

[13] Nuissl, E., „Einführung in die Weiterbildung: Zugänge, Probleme, Handlungsfelder", Seite 34.
[14] Arnold, Rolf, „Porträts und Konzeptionen zur Erwachsenenbildung", Seite 28.
[15] vgl. Arnold, Rolf, „Porträts und Konzeptionen zur Erwachsenenbildung", Seite 27.

Einsendeaufgabe 2

Welche Argumentationen von Meueler lassen sich auch systemisch-konstruktivistisch aus-
deuten?

Lösung

Meueler's systemisch-konstruktivistische Grundhaltung wird in Rolf Arnold's Vorwort zu einer
2003 erschienen Festschrift für Meueler besonders deutlich. Dort schreibt er, dass sich Erhard Meueler im Besonderen dem „inneren Zweck" des Menschen widmet und ihn als ge-
sellschaftliches Subjekt sieht, das vor allem in lebensweltlichen und familiären Kontexten
steht (systemisch) und in dem Zusammenhang gestärkt oder geschwächt mit seiner eigenen
Biografie umzugehen vermag (konstruktivistisch).[16] Weiter führt er aus, dass Meueler zahl-
reiche Ansätze und Gedankengänge hat, die „nachdrücklich die Wirkmächtigkeit des einzelnen als Gestalter seiner Biographie sowie Veränderer der lebensweltlichen und gesellschaftlichen Bedingungen des eigenen Lebens in den Blick rückt."[17]

Damit setzt Erhard Meueler zunächst das Subjekt in das Zentrum seiner Betrachtungen und
nimmt gleichzeitig eine Gegenposition ein, die sich gegen die Annahme stellt, dass es einen
Gleichklang zwischen den Bedürfnissen des Subjektes und den Anforderungen der gesellschaftlichen sowie ökonomischen Rahmenbedingungen gibt.[18] Als subjektorientierter Er-
wachsenenpädagoge dient für ihn das Subjekt vielmehr seinem eigenen Zweck und er betont damit zunächst eher die konstruktivistische Sichtweise. Aus dieser Betrachtung heraus
plädiert er „für eine stärkere Berücksichtigung des Emotionalen"[19] und ist der Meinung, dass
viele Schwierigkeiten und Widerstände im Lehr-Lernprozess erst dadurch verständlich werden.

In dem Zusammenhang schreibt er der Erwachsenenpädagogik als Wissenschaft ins Grund-
buch, sich ihre Forschungsfragen aus „der Wechselwirkung zwischen engagiertem Invol-
viertsein und reflektierter Distanz zum Erlebten"[20] zu klären, die wissenschaftlichen Fragestellungen also durch die eigene Betroffenheit von Lehr-Lern-Prozessen zu präzisieren. Dass
er neben den konstruktivistischen Ansätzen das systemische aber dennoch nicht außer Acht
lässt, werden die folgenden Betrachtungen zeigen.

Wie und was ein Mensch aus sich und seinen Möglichkeiten macht oder machen kann,
hängt von Meueler zunächst davon ab, in welchen systemischen Rahmenbedingungen er
sich „bewegt", also welche hilfsbereite Begleitung, Anregung oder Unterstützung ihm zuteil-

---

[16] vgl. Arnold, Rolf, „Porträts und Konzeptionen zur Erwachsenenbildung", Seite 83.
[17] Arnold, Rolf, „Porträts und Konzeptionen zur Erwachsenenbildung", Seite 83.
[18] vgl. Arnold, Rolf, „Porträts und Konzeptionen zur Erwachsenenbildung", Seite 83.
[19] Arnold, Rolf, „Porträts und Konzeptionen zur Erwachsenenbildung", Seite 85.
[20] Arnold, Rolf, „Porträts und Konzeptionen zur Erwachsenenbildung", Seite 84.

wird. Aber all das ist seiner Meinung nach unnütz, ohne die Selbstreflexion des Menschen selbst, also das „Fühlen, Spüren und Erkennen der Muster, die den Grad der inneren Autonomie bestimmen."[21]

Eine gleichgeartete Richtung schlägt er im Interview zu Studienbrief EB0110 ein. Dort führt er aus, dass für ihn der Mensch zunächst ein Objekt ist, das der äußeren Natur (genetische Vorgaben), der inneren Natur (Triebe) und der sozialen Welt (Anpassungsdruck) unterworfen ist. Diese systemischen Kontexte bilden für Meueler aber keine totale Unterworfenheit. Denn durch seine Erkenntnis- und Handlungsfähigkeit hat der Mensch die Möglichkeit, sich konstruktivistisch diesen einengenden Strukturen zu widersetzen.

Die Freiheit, die sich der Mensch dabei oder dafür nimmt, kommt zustande durch die oben schon angesprochene Selbstreflexion und die sie bestimmende Bildung. Insbesondere die Erwachsenenbildung, die vorwiegend der Subjektentwicklung dient und im nicht nachlassenden Versuch zustande kommt, lebenslang lernend die Fähigkeit zur Selbststeuerung auf- und auszubauen. Ziel ist es dabei, die Verfügung über möglichst viele Lebensbedingungen zu erlangen.[22]

Erhard Meueler betont weiterhin, dass Aneignungsprozesse immer dann am besten funktionieren, wenn Menschen den anzueignenden Inhalten einen Sinn zusprechen und sie für die Bewältigung ihrer eigenen Lebenswelt von Bedeutung sind. Eine wichtige Rahmenbedingung ist für ihn, dass Lehrende diesen selbständigen Aneignungsprozess von Lernenden (ein)fordern, sie aber gleichzeitig in unterschiedlichen Rollen dabei begleiten. Die systemisch-konstruktivistische Dimension ergibt sich im Besonderen daraus, dass dies aus seiner Sicht im Dialog und in gemeinsamer Planung der Arbeit erfolgen solle. Die Lernenden (Teilnehmer) bringen Lernwünsche und -erwartungen ein und einigen sich mit dem Lehrenden (Seminarleiter) auf die Inhalte (was) und die Methodik (wie).[23] Meueler legt Wert auf eine partizipatorische Bildungsarbeit, also einer Arbeit, „die nicht von der Lehrplanung des Dozenten, sondern den Lernprojekten der Teilnehmenden her bestimmt wird."[24] Er fordert dies aber nicht nur in der Theorie. In seiner eigenen praktischen Tätigkeit setzt er immer auf die „Kräfte seines Gegenüber". Er schreibt dort weiter, dass er immer nach der größtmöglichen Selbstbestimmung der Lernenden strebe und sie situationsbezogen in ganz unterschiedlichen sozialemotionalen Rollen (Experte des Augenblicks, Fädenspinner, Geschichtenerzähler u.a.) als Begleiter ihrer Subjektentwicklung bei der Entwicklung von Kritikfähigkeit und der Freisetzung von Spontaneität und Imagination unterstütze.[25] Auch dies unterstreicht noch einmal

---

[21] Arnold, Rolf, „Porträts und Konzeptionen zur Erwachsenenbildung", Seite 84.
[22] vgl. Arnold, Rolf, „Porträts und Konzeptionen zur Erwachsenenbildung", Seite 85.
[23] vgl. Arnold, Rolf, „Porträts und Konzeptionen zur Erwachsenenbildung", Seite 86.
[24] Arnold, Rolf, „Porträts und Konzeptionen zur Erwachsenenbildung", Seite 88.
[25] vgl. Arnold, Rolf, „Porträts und Konzeptionen zur Erwachsenenbildung", Seite 86.

deutlich seine systemisch-konstruktivistische Grundhaltung (sowohl in der Theorie als auch in der Praxis).

Meueler übersieht aber auch nicht die „konstruktivistische Unbekannte". Ihm ist bewusst, dass bei all dem auch immer die Möglichkeit des Scheiterns verbunden ist. Alle pädagogischen Absichten stehen jeweils den mehr oder weniger unbekannten Entscheidungen der Subjekte gegenüber. Für ihn ist diese Vorgehensweise aber unabdingbare Voraussetzung für den Fortschritt und die Subjektentwicklung aller daran Beteiligten.[26] So schreibt er in seinem Buch „Lob des Scheiterns": „Ich kann nur Anregungen geben und Versuche machen, individuelle wie kollektive Kräfte und Ideen freizusetzen, die das Subjekt zum Lernen herauslocken."[27]

Angesprochen auf die Gefahren für die Erwachsenenbildung/Erwachsenenpädagogik und ihre Wissenschaft antwortet Erhard Meueler zunächst systemisch: „In diesen Feldern arbeiten Frauen und Männer mit ganz unterschiedlichen institutionellen Beschränkungen/Freiräumen und je eignen beruflichen und privaten Interessen."[28] Die damit zusammenhängenden konstruktivistischen Dimensionen kann er dagegen nicht einschätzen: „Über ihre jeweils lebensgeschichtlich bedingte Wahrnehmung von Gefährdungen und Möglichkeiten ihres Berufslebens könnte ich nur spekulieren, daher beschränke ich mich auf meine persönliche Einschätzung."[29]

Seine Aussagen in dem Zusammenhang (und seine weiteren Ausführungen zu dieser Frage) machen aber deutlich, dass er die global-ökologische Bedrohung der weltweiten Erschließung der Märkte „als den zentralen Verantwortungshorizont des Lernens Erwachsener" sieht.[30] Er fordert, dass die Erwachsenenpädagogik die Menschen stärken und dazu beitragen soll, die Sachen zu klären. Diesem konstruktivistischen Wunsch stehen die systemischen Wirkungen der globalen Entwicklung eher beeinträchtigend gegenüber. Dazu sagt er: „Es sind […] die marktbezogenen Akzentsetzungen, welche einseitig die Kompetenzentwicklung und die Funktionalität betonen und die Bildung Erwachsener fast ausschließlich unter dem Aspekt ausbeutbarer Leistungen für den Markt in den Blick nehmen. Meueler wendet sich kritisch gegen solche Bildungsmarkt-Tendenzen […]."[31]

Meueler's zu Beginn schon angedeutete systemisch-konstruktivistische Grundhaltung wird in der Gesamtbetrachtung des Interviews und seiner ermöglichungsdidaktischen und systemisch-ressourcenorientierten Aussagen darin sehr deutlich.

---

[26] vgl. Arnold, Rolf, „Porträts und Konzeptionen zur Erwachsenenbildung", Seite 86 & 87.
[27] Arnold, Rolf, „Porträts und Konzeptionen zur Erwachsenenbildung", Seite 89
[28] Arnold, Rolf, „Porträts und Konzeptionen zur Erwachsenenbildung", Seite 87
[29] Arnold, Rolf, „Porträts und Konzeptionen zur Erwachsenenbildung", Seite 87
[30] Arnold, Rolf, „Porträts und Konzeptionen zur Erwachsenenbildung", Seite 89
[31] Arnold, Rolf, „Porträts und Konzeptionen zur Erwachsenenbildung", Seite 89

Einsendeaufgabe 3

Nehmen Sie zu der These Stellung, angesichts der breiten Verfügbarkeit von Open Content trete die Vermittlungsfunktion der Bildungsinstitutionen (auch Erwachsenenbil-dung und Hochschulen) mehr und mehr in den Hintergrund. Erläutern Sie insbesondere, wie die neuen Lernservices, deren Bedeutung gleichzeitig zunimmt, in ihrem Kontext beschaffen sein müssten und wie diese den Überlegungen im Hinblick auf das informelle Lernen, die Konstruktivistische Erwachsenenbildung, die Metakognitive Bildungsarbeit und die Kompetenzorientierung Rechnung zu tragen vermögen.

Lösung

Grundsätzlich lässt sich feststellen, dass es heute kein wirklich vernünftiges Argument mehr dafür gibt, in einem wie auch immer gearteten Präsenzunterricht anwesend zu sein, wenn sich die gleichen Informationen, Kenntnisse und Fertigkeiten zum Beispiel mittels moderner und überall verfügbarer Open Contents aneignen lassen. Durch die breite Verfügbarkeit dieser Open Contents und digitalisierter Lernarrangements ist der Lernende eben nicht mehr dazu verpflichtet (oder genötigt), sich das zu erwerbende Wissen im institutionellen Kontext abzuholen. Das wird vermutlich nicht das Ende des Präsenzunterrichts bedeuten, wohl aber die Aufgabe bestehender und antiquierter Formen des Lehrens und des Lernens und eine Neugewichtung der Präsenzzeiten. Diese Entwicklung ist aber nicht nur dem reinen Vorhandensein digitaler Angebotsformen geschuldet (die einfach so aus dem Nichts erscheinen), sondern entsteht ebenso aus einem modernisierten Bedürfnis der Lernenden heraus, „das eigene Lernen unter Nutzung der Mittel zu gestalten, die mehr und mehr ihren Alltag ausmachen und längst schon zu den kulturellen Selbstverständlichkeiten der nachwachsenden Generationen gehören."[32]

Die m.E. sowieso nicht einem systemisch-konstruktivistischen Ansatz entsprechende institutionelle und inputorientierte Vermittlung von Wissen tritt dadurch automatisch mehr und mehr in den Hintergrund. Das hat gravierende Auswirkungen auf die „klassischen" Bildungsinstitutionen. Diese Folgen treten aber nicht nur in Form von Gefahren ans Tageslicht, vielmehr entsteht hier auch eine Vielzahl von Chancen und Möglichkeiten für diese Einrichtungen. Voraussetzung ist zunächst, dass sie ihre Angebotsformen weg vom zu vermittelnden Input hin zum bzw. vom zu erwarteten Output her gestalten. Gemeint sind hier neue und komplexe Lerndienstleistungen, „die nur nüchtern und klug gestaltet werden können, wenn man den

---

[32] Arnold, Rolf, „Bausteine der Erwachsenendidaktik", Seite 54

Ergebnissen der Kompetenz- und Lernforschung der letzten Jahre folgt"[33] und „deren Wert sich erst im Outcome des Lernenden zeigt und bemessen lässt [...]."[34]

„Traditionelle" Bildungseinrichtungen könnten sich so beispielsweise hin zu lernbegleitenden und lernfördernden Institutionen entwickeln, die in ihrer Gesamtheit den Grundsatz einer Ermöglichungsdidaktik verfolgen. So könnten sie konkret auch die Gestaltung von eigenen modernen Lernarrangements & Lernlandschaften in ihr Portfolio aufnehmen, Anregung zur Selbststeuerung vorantreiben und die Förderung von Selbstlerntechniken und Selbstlern-kompetenzen in den Vordergrund stellen. Denkbar wäre auch eine Art „Selbstlernführer-schein", den die Lernenden erwerben (müssen), bevor sie mit Selbstlernangeboten in Kon-takt gebracht werden. Eine im Besonderen vorgelagerte, aber auch begleitende und nachge-lagerte Lernberatung würde das Gesamtbild abrunden. So entstünden letztlich ganzheitliche Bildungsförderungsinstitutionen, die Räume eröffnen würden, „in denen sich die sich ohnehin vollziehende Autopoiesis des Lernenden unter anregenden und reichhaltigen Bedingungen entfalten kann."[35] Karlheinz Pape regt hier den Begriff des „Lern-Coaching" an und stellt die Frage, die für künftige Bildungsinstitutionen maßgeblich sein sollte: „Wie kann ich den Ein-zelnen am besten unterstützen, auf seinem eigenen Weg, sich das Thema zu erschlie-ßen?"[36]

Auch die Rolle des professionellen Personals der Erwachsenenbildungseinrichtungen wird sich in dem Zuge grundlegend ändern und deren klassische Rolle mehr und mehr in Frage gestellt (ggf. auch in der bekannten Form verschwinden). War der Dozent bisher der Experte im Raum, ist er morgen Moderator und Motivator für Lernprozesse, damit die Teilnehmer mehr und mehr von sich aus Lösungen entdecken können. Er wird weniger „der Weise da vorne sein" als mehr der Mentor an der Seite der Lernenden.

Die Beschaffenheit und Anforderungen von neuen Lernservices soll in Bezug auf die Begriff-lichkeiten „informelles Lernen", „konstruktivistische Erwachsenenbildung", „metakognitive Bildungsarbeit" und „Kompetenzorientierung" dargestellt werden.

Informelles Lernen findet weniger in Bildungsinstitutionen als vielmehr im privaten und be-ruflichen Umfeld der Lernenden statt. Auch zeitliche und räumliche Grenzen werden zuneh-mend aufgehoben. Das bedeutet, moderne (und überall verfügbare) Lernservices müssen zwingend mobil (und natürlich auch digital) verfügbar und im Besonderen auf allen mobilen Endgeräten darstellbar sein. Dieses sogenannte „responsive Design" meint hierbei insbe-

---

[33] Arnold, Rolf, „Bausteine der Erwachsenendidaktik", Seite 46
[34] Arnold, Rolf, „Bausteine der Erwachsenendidaktik", Seite 32
[35] Arnold, Rolf, „Bausteine der Erwachsenendidaktik", Seite 32
[36] Arnold, Rolf, „Bausteine der Erwachsenendidaktik", Seite 33

sondere die Darstellung und Anordnung einzelner Elemente, wie Navigationen, Seitenspalten und Texte, aber auch die Nutzung unterschiedlicher Eingabemöglichkeiten von Maus (klicken, überfahren) oder Touchscreen (tippen, wischen). Auch die Berücksichtigung kleinteiliger Lerneinheiten (sog. Lernnuggets) würde den praktischen Nutzen solcher Services erhöhen. Beispiele hierfür sind u.a. entsprechend gestaltete eBooks, PDF-Dokumente, Videos oder Apps.

Eine **konstruktivistische Gestaltung** von Lernservices erfordert einen hohen Individualisierungsgrad in Bezug auf den lernenden Nutzer, da von diesem Standpunkt aus nur der Lernende selbst seine Wirklichkeit konstruiert und seine Emotionsmuster, Deutungsroutinen und Handlungskompetenzen verändern kann. Das bedeutet, je mehr über den jeweiligen Lerner bekannt ist, desto individueller kann auf ihn und seinen Lernvorgang eingegangen werden. Als Stichwort soll an dieser Stelle der Begriff „Big Data" genannt werden. Die damit über den Nutzer ermittelten Daten aus den Bereichen Internet, Mobilfunk, soziale Medien, intelligente Agenten oder Smart-Metering-Systeme können (eine spezielle und intelligente Programmierung der Lernservices vorausgesetzt) zur individualisierten Gestaltung von Lernpfaden genutzt werden. Vorgeschaltete Eingangstests zur Ermittlung des aktuellen persönlichen Kenntnisstandes können hier eine weitere Spezialisierung bringen. Aber auch die eigenständige Eingabe von Daten durch den Lerner selbst muss darüber hinaus möglich sein. Feedback- und Auswertungsfunktionen sind in dem Zusammenhang ebenfalls wichtig, damit nicht nur das System, sondern auch der Nutzer jederzeit über den jeweiligen Stand des Lernfortschritts informiert ist.

Auch im Hinblick auf die **metakognitive Bildungsarbeit** sind Feedback- und Auswertungsfunktionen wichtig. Diese dienen hier innerhalb der Lernservices aber nicht nur der reinen Information, sondern vor allem der Selbstreflexion der Lernenden. Das bedeutet, sie müssen eine Aussage darüber zulassen, wie gelernt wurde und es muss die Möglichkeit bestehen, sowohl positive als auch negative Auswirkungen daraus ableiten zu können. Nur damit kann die oben angesprochene Selbstreflexion stattfinden und der Lernprozess als eine effektiv zu gestaltende Aneignungsbewegung verstanden werden. Diesen Prozess weiter unterstützen würden im Lernservice und demzufolge Lernprozess vorgesehene Belohnungen, Anreize und beispielsweise auch der Vergleich mit anderen Lernern. Hilfestellungen und Erläuterungen innerhalb eines Lernservice müssen zudem an jeder beliebigen Stelle der Aneignungskette abrufbar sein, um eine mögliche Frustration durch unklare Situationen zu vermeiden.

Der eingangs schon erwähnte Trend weg vom Input hin zum Outcome ist auch ein Trend weg von der reinen Vermittlung und Belehrung hin zur nachhaltigen **Kompetenzorientierung und -entwicklung**. Dies verlangt in Lernservices speziell entwickelte Aufgaben und

Anwendungssituationen, die einen Zugang zu geeigneten Lernressourcen gestalten und die die Lernenden wirklich herausfordern aber auch unterstützen. „Gefragt sind kreative Formen eines aufsuchenden, überraschenden, bisweilen auch perturbierenden (verstörenden) Arrangements von Aufgaben und Lernanforderungen in neuen didaktischen und auch architektonischen Settings."[37] Stichworte wie Virtual Reality und Augmented Reality könnten hier beispielsweise dazu beitragen, eine Ermöglichungsdidaktik unter annähernd realen Bedingungen zu erschaffen. Aber zu beachten ist in dem Zusammenhang m.E., dass nicht nur die Aneignung kompetenzorientiert sein muss, auch bei einer möglichen Prüfung und Zertifizierung muss die Kompetenzorientierung dann ebenfalls berücksichtigt werden.

---

[37] Arnold, Rolf, „Bausteine der Erwachsenendidaktik", Seite 36

Einsendeaufgabe 4

Wählen Sie einen Forschungsschwerpunkt der Erwachsenenbildung/Weiterbildung aus, entwickeln Sie eine mögliche Forschungsfrage und benennen Sie ein mögliches methodisches Vorgehen. Gehen Sie dabei von Ihrem Praxisfeld aus. Welche Kooperationen mit Hochschulen stellen Sie sich vor?

Lösung

Zur Bearbeitung dieser Einsendeaufgabe wird ein Forschungsschwerpunkt gewählt, der sich auf die berufliche Aufstiegsweiterbildung Erwachsener in der IHK Akademie München fokussiert. Es soll der Einsatz digitaler Medien in Weiterbildungsangeboten der Akademie untersucht werden. Insbesondere geht es hier um einen onlinegestützten Kurs zum „Technischen Betriebswirt", wobei zentrale Komponenten und Voraussetzungen einer erfolgreichen Planung, Gestaltung und Umsetzung dieses Online-Weiterbildungsangebotes herauszuarbeiten sind. Da ein solches didaktisches Lehr-Lern-Arrangement von der IHK Akademie München erstmalig ins Programm aufgenommen wird, soll die Konzeption wissenschaftlich fundiert werden.

Von Bedeutung ist diese Fragestellung vor allem, weil seit geraumer Zeit in der beruflichen Weiterbildung verstärkt von einem Lernkulturwandel gesprochen wird, hervorgerufen durch neue Informationstechnologien, der Globalisierung und der durch die wirtschaftliche Liberalisierung veränderten Bedingungen in Wirtschaftsleben und Alltag. Die berufliche und private Alltagsbewältigung ist dadurch für jeden Einzelnen komplexer geworden, so dass die Teilnahme an institutionell festgelegten Weiterbildungsterminen und -zeiten zunehmend schwerer fällt. Auch Unternehmen bewerten die Weiterbildungszeiten ihrer Mitarbeiter aufgrund hoher Kapitalintensivität der Produktion als ein sehr knappes Gut. Diese Faktoren führen zwangsläufig dazu, dass das Internet und die unterschiedlichen Devices als Informations- und Kommunikationsinstrumente mit ihren Möglichkeiten der raum-zeit-versetzten Lernformen zunehmend Bestandteil informellen und formellen Lernens werden (sollen). In dem Zusammenhang dominieren unter anderem Begriffe wie „selbstgesteuertes" oder „virtuelles Lernen". In diesem Kontext intensiviert sich der Umgang mit mediengestützten Lehr-Lern-Formen in der betrieblichen Aufstiegsweiterbildung.

Die unstrittig vorhandenen Entwicklungspotenziale dieser technikgestützten Lernformen können sich aber nur dann langfristig erfolgreich entfalten, wenn es grundlegende Anhaltspunkte gibt, die darüber Auskunft geben, wie z.B. Lernräume und -architekturen, technische Ausstattungen, insbesondere aber auch die didaktische Gestaltung, die Professionalisierung des Personals und organisatorische Gegebenheiten in Weiterbildungsinstitutionen gestaltet werden sollten. Nicht außer Acht zu lassen sind dabei natürlich die vorhandenen Lernerfahrungen und -erwartungen der Lerninteressierten. Ohne solche Überlegungen wird es kaum gelingen, den (möglichen) „pädagogischen Mehrwert" für die Lernenden (und ihre Arbeitgeber) erfahrbar zu machen.

Aus diesen Vorüberlegungen ergibt sich eine Reihe potenzieller Fragestellungen:

- Sind die organisatorischen Rahmenbedingungen in der IHK Akademie München bereits in ausreichendem Maße vorhanden, die durch die Veränderung der lerntheoretischen Konzepte einhergehen oder sind diese entsprechend anzupassen (ggf. wie)?
- Wie ist die Evaluation und die Qualitätssicherung des Angebots durchzuführen, damit die im Rahmen der vorhandenen Zertifizierung der IHK Akademie München vorgegebenen Standards eingehalten werden?
- Welche Kriterien muss die zum Einsatz kommende Lernplattform erfüllen und welches Lernmanagementsystem ist für die Durchführung am besten geeignet?
- Welche technischen Voraussetzungen müssen (in dem Zuge) bei den Lehrenden, den Lernern und auch beim organisatorisch betreuenden Personal mindestens vorhanden sein, um eine störungsfreie Nutzung zukünftiger Angebote zu gewährleisten?
- Wie sehen die Anforderungen und die medienpädagogischen Kompetenzprofile von Online-Tutoren, Fachautoren und dem Betreuungspersonal aus, die bei diesem Angebot zum Einsatz kommen sollen?
- Wie muss das Lehr- und Lernmaterial didaktisch aufbereitet sein?
- Welche Anforderungen bestehen bzgl. der methodisch-didaktischen Durchführung und der tutoriellen Betreuung?
- Wie muss Feedback z.B. im Rahmen eines mediengestützten Selbsttests gestaltet sein, um den Teilnehmenden konkrete Anregungen zum Lernstand und der individuellen Lernpfade zu geben?

Clustert man diese Sachverhalte thematisch, ergibt sich zusammenfassend folgende Forschungsfrage: „Welche organisatorischen, technischen, didaktischen und personalen Rahmenbedingungen müssen erfüllt sein, damit das onlinegestützte Weiterbildungsangebot „Technischer Betriebswirt" in der IHK Akademie München erfolgreich realisiert werden kann?"

Nach der Entscheidung, was untersucht wird und der entsprechenden Problemformulierung, beginnt in der Reihenfolge eines methodischen Vorgehens nun die Phase der Theorie- und Hypothesenbildung. Hier müssen die theoretischen Ursache-Wirkungs-Zusammenhänge klar und konkret definiert werden. Die Hypothese der o.g. Forschungsfrage könnte hier lauten: Je besser die erforderlichen organisatorischen, technischen, didaktischen und personalen Rahmenbedingungen erfüllt sind, desto erfolgssicherer kann die onlinegestützte Weiterbildung zum „Technischen Betriebswirt" in der IHK Akademie München implementiert werden. Als Grundlage könnte hier u.a. die Sichtung und Bewertung bereits zum Thema vorhandener Fachliteratur dienen. Es ist aber vermutlich davon auszugehen, dass (aufgrund des speziellen Forschungsgebietes) diesbezüglich keine Fachliteratur vorhanden ist.

Im Anschluss an diese Phase müssen die in der Hypothese verwendeten Begriffe definiert, operationalisiert und empirisch übersetzt werden. Hier handelt es sich speziell um die in der Forschungsfrage verwendeten Begriffe „erfolgreich", „organisatorisch", „technisch", „didaktisch" und „personal". Also: Was bedeuten diese Begriffe genau? Welche Aspekte gehören dazu? Welche Unterteilungen gibt es? usw.

Nachdem diese Vorarbeiten abgeschlossen sind, wird nun die Datenerhebung vorbereitet. Zu dieser Vorbereitung gehören ganz allgemeine organisatorische Aspekte wie beispielsweise Terminvereinbarungen, Ankündigungen, Ausschreibungen, Informationsveranstaltungen und das Briefing des Erhebungspersonals etc.

Zur eigentlichen Datenerhebung selbst (die nach der Vorbereitung startet) können dann folgende Erhebungsmaßnahmen zählen: Sichtung von Rahmenlehrplänen und bereits vorhandenem Lehrmaterial, Erfassung von Prüfungsanforderungen, Befragung von Teilnehmern (die diese Weiterbildung bereits abgeschlossen haben, die diese gerade absolvieren und die sich potenziell dafür interessieren), Experteninterviews mit didaktischem Fachpersonal, technische Evaluation digitaler Lernmanagementsysteme, Befragung des Betreuungspersonals der IHK Akademie München etc.

Nach Abschluss der Datenerhebung werden die gewonnen Daten gespeichert und entsprechend aufbereitet bzw. kodiert, sodass man in der Lage ist, sie mit speziellen Softwareprogrammen (z.B. SPSS) weiterzuverarbeiten.

Bei der anschließenden Analyse werden die aufbereiteten Daten anhand verschiedener Aspekte beschrieben und mit unterschiedlichen Verfahren in Zusammenhang gebracht, sodass eine valide Aussage möglich ist.

In einem letzten Schritt sind die gewonnen Erkenntnisse zu verschriftlichen und in einem Forschungsbericht zusammenzufassen, der auch veröffentlicht werden kann. Anhand dieser Verschriftlichung wird dann auch die Interpretation der Ergebnisse erfolgen.

Da die IHK Akademie München keine akademische Weiterbildungsinstitution ist (und demzufolge auch nicht in der Lage ist, eine solche empirische Untersuchung selbst durchzuführen), ist bei diesem Forschungsvorhaben umfänglich mit einer entsprechenden Hochschule zu kooperieren. Vorzugsweise sollte es sich hier um eine Hochschule handeln, die umfassende Erfahrung im Bereich des Online-Lernens (im Besonderen auf wissenschaftlich-empirischer Basis) besitzt (z.B. die TU Kaiserslautern oder die LMU München). Speziell in der ersten Phase (Festlegung des Untersuchungsziels und der Formulierung der entsprechenden Forschungsfrage) ist Wert auf einen uneingeschränkten Austausch beider Partner zu legen, um eine möglichst hohe Präzision der Fragestellungen zu erreichen. Aber auch im weiteren Verlauf der Untersuchung ist auf eine enge Zusammenarbeit zu achten, da die IHK Akademie München besonders in diesem Abschnitt der Untersuchung uneingeschränkt Zugänge zu Teilen der betreffenden Untersuchungsobjekte verschaffen kann.

Perspektivisch können die gewonnen Erkenntnisse und auch die späteren Erfahrungen aus dem Pilotprojekt auf andere Weiterbildungsarrangements der IHK Akademie München kursbezogen adaptiert werden.

Literaturverzeichnis

Arnold, R. (2014). Bausteine der Erwachsenendidaktik. Studienbrief EB 0120 des Master-Fernstudiengangs der TU Kaiserslautern. Unveröffentlichtes Manuskript. Kaiserslautern.

Arnold, R. (2015). Porträts und Konzeptionen zur Erwachsenenbildung. Studienbrief EB 0110 des Master-Fernstudiengangs der TU Kaiserslautern. Unveröffentlichtes Manuskript. Kaiserslautern.

Nuissl, E. (2000). Einführung in die Weiterbildung: Zugänge, Probleme, Handlungsfelder, Neuwied, Hermann Luchterhand Verlag